„Wer bin ich", beschäftigt die Menschheit, seit ewigen Zeiten und die Antwort liegt so nahe.

Genau das ist der Punkt, an dem wir, im Leben, so oft stolpern.
Weil die Lösung direkt vor unseren Füßen liegt, wir darüber fallen und sie damit verdecken.

Die Antwort ist „einfach".
Wenn wir sie kennen, wird auch unser Leben „einfach".

Und doch um so Vieles erfüllter und glücklicher, als wir es uns jemals vorstellen konnten.

Carin Kühne

Das Energiebündel Mensch

(und seine Fähigkeiten)

Herstellung und Verlag: Books on
Demand Gmbh, Norderstedt 2009

©2009 Carin Kühne
www.rain-bow-network.de

Umschlaggestaltung: Carin Kühne
Innenlayout: Carin Kühne

ISBN-13: 9783839136331

Inhaltsverzeichnis

Vorwort

Ich wette mit Ihnen, das noch kein Mensch, auf die Idee gekommen ist, ein Buch, bewusst, aus der Sicht seines Verstandes zu schreiben. Wenn Sie dieses Buch gelesen haben, werden Sie wissen, warum es so wichtig war, MICH zu Wort, kommen zu lassen.

Darf ich mich vorstellen: ich bin der Verstand/Geist dieser Schreiberin und ich wusste schon vor Monaten, das ich ein Buch schreiben muss. Ich hatte nur noch keine Ahnung, wann und worüber. Schließlich, war ich vollauf damit beschäftigt, das Leben meines Menschen in positive Bahnen zu lenken und auch da zu halten.

Der Mensch, das ist der Körper, meine Wenigkeit und die Seele. Sie und ICH, haben alle Hände voll zu tun, um das Leben meines Menschen, hier, zu gestalten.

Früher, dachte ich immer, ich muss diese Arbeit ganz allein tun.

Das war mehr als mühselig.

Es waren regelrechte Alpträume, die mein Mensch (also ich und die Beiden Anderen) durchlebt hat.

Heute denke ich, dass ich mit dieser Aufgabe, in vielen Situationen, einfach überfordert war. Zumindest habe ich mich oft so gefühlt.

Nach meinem heutigen Wissensstand, war es auch so. Ich bin froh, das dieses Kapitel zu Ende ist und ich nun in der Lage bin, jeden Tag genau so zu gestalten, wie ich und meine Partnerin, die Seele, es uns vorstellen.

Was ich kann, das können auch Sie und jeder andere Verstand.

1. Aller Anfang ist kniffelig

Erwarten Sie bitte keine gedanklichen Höhenflüge, von mir bekommen Sie Fakten geliefert. Und ich habe sie alle ausprobiert, auch wenn ich dabei, manchmal, Herzblut vergossen habe.

Einfach weil mir so vieles unbekannt war. Ich hatte schlicht Angst. Angst davor, meinen gesamten Lebensstil verändern zu müssen, was ich mir überhaupt nicht vorstellen konnte. Oder Dinge erlernen zu müssen, die mir total gegen den Strich gehen.

Ich musste haufenweise Bücher lesen, von denen viele, mich in Verwirrung gestürzt haben. Weil die Inhalte sich widersprachen und ein furchtbar komisches Gefühl, in meinem Bauch, hervorgerufen haben. Aber ich wollte wissen. Deshalb habe ich alles an Literatur durchgesucht, was ich erreichen konnte.

Ich wollte wissen, warum ich geboren worden bin, warum ich, von Kindheit an, immer dachte:"wer bist du", und „weshalb diese ganze Mühe und Plage".Schließlich hat man es ja schon an den Eltern und anderen Vorfahren gesehen, wie sie sich plagten, um im Leben zu bestehen.

Warum, konnte das Leben nicht nur eitel Sonnenschein sein? Was war der Grund dafür? Gab es überhaupt einen? Natürlich gab es einen! Aber darauf, muss man erst mal kommen!

Ich war die ganzen Jahre über, immer viel zu sehr mit dem Alltag beschäftigt, um mir die Zeit zu gönnen, mal etwas genauer hinter die Kulissen zu gucken.

Sicher, kam ab und zu mal ein Gefühl der Unzufriedenheit hoch. Aber, ich schob es zur Seite, sagte mir:"so ist das Leben nun mal". Wie sehr hatte ich mich da geirrt!

Bewusst nachdenklich, wurde ich erst, als ich die so genannten, positiven Schulungen und Bücher kennen lernte.

Meine alten Fragen kamen wieder hoch. Tummelten sich an der Oberfläche und sorgten damit dafür, das ich so viel las und zuhörte wie ich nur konnte.

Das ging lange Zeit so, änderte aber an all dem, was ICH verändern wollte, nichts. Ich konnte noch so viel lachen, noch so viel hoffen, noch so positiv denken, es tat sich einfach nichts, was mich aus den Puschen gehauen hätte, ich fühlte mich nur etwas besser.

Nichts, was ich nicht schon früher erlebt hätte.

Egal mit wem ich mich unterhielt, in der Hoffnung, irgendein Wort, könnte mich weiterbringen, es tat sich einfach nichts. Sogar meditieren probierte ich aus, obwohl das überhaupt nicht mein Ding ist. Da werde ich immer nervös, weil still sitzen absolut nicht mein Ding ist. Ein Geist ist immer in Bewegung.

Es tat sich immer noch nichts.

Da stolperte ich eines Tages, bei einer Veranstaltung über ein Buch.

Eigentlich wollte ich ein anderes kaufen. Ich hatte es schon in der Hand. Da sah ich, das Buch, welches meine Handlungsweise verändern sollte.

Am nächsten Tag las ich es in einem Rutsch durch.

Wow! Nun wusste ich, das ich weiterkommen würde.

Allerdings missfiel es mir, das ich auch hier, keine Übersicht fand. Keinen roten Faden, nach dem ich handeln konnte.

Ich versuchte mir selbst einen zu basteln und musste zu meinem Leidwesen feststellen, das auch hier noch etwas fehlte. Aber ich hatte Mut gefasst.

Sagte mir, das ich auch die fehlenden Teile noch finden würde.

Als erstes beschloss ich, nach einem Verstand Ausschau zu halten, mit dem ich mich, über meine Gedanken austauschen wollte. Nach längerer, geduldiger Wartezeit, fand ich ihn.

Wir sind Freundinnen geworden, die im wahrsten Sinne des Wortes,"durch Dick und Dünn", gehen.

Gemeinsam haben wir den Sack voller Wissen, auf den Kopf gestellt und kräftig geschüttelt. Danach kam das Aussortieren.

Spreu wurde vom Weizen getrennt und unser Training begann.

Denn wir hatten beschlossen, jedes Puzzleteil in Natura, im Alltag und damit an uns selbst, auszuprobieren.

Ich weiß nicht, wie oft wir dabei Bauchlandungen erlebten.

Ich habe sie nicht gezählt. Wir haben ständig Staub geschluckt und gehustet. Aber wir freuten uns darüber, denn es zeigte uns, das uns noch wichtige Puzzleteile fehlten.

Also ging die Suche weiter. Wieder lesen, mit dem Grummeln im Bauch kämpfen und aussortieren.

Trotzdem machten wir weiter, denn wir wussten Eines: " wir waren auf dem richtigen Weg".

Selbstverständlich, ließen wir in unseren Bemühungen, unseren Alltag nach dem Puzzle zu leben, nicht nach.

Es war ja die einzige Möglichkeit, um feststellen zu können, ob wir nun schon das ganze Puzzle hatten oder nicht.

Die Bauchlandungen wurden seltener, die Staubwolken hinterher, wenn wir unsere Kleidung ausklopften, kleiner.

Wir jubelten, freuten uns wie die kleinen Kinder, wussten wir waren nahe am Ziel.

Dann war es soweit.

Wir hatten das Puzzle zusammengesetzt.

Unser Alltag, wurde zu einem Sitzbad im Honigtopf. Wir purzelten von einem Topf in den anderen. Will heißen, wir hatten ein Erfolgserlebnis nach dem anderen. Endlich lief auch jede Kleinigkeit, so wie wir es uns vorstellten. Herrlich! Aber offensichtlich, waren wir Beide, soviel Honig nicht gewöhnt.

Nur DAS -
wussten wir damals NICHT.
Unser altes Verhalten, hatte uns fester im Griff, als wir je gedacht hätten. Schon folgten die ersten Bauchlandungen.
Aber dieses Mal waren sie schmerzhafter als vorher. Denn wir hatten ja erfahren, wie es war, zu leben, ohne ständig, mit Schmerzen, jeglicher Art zu kämpfen.
Wir erfuhren, das wir uns selbst im Wege standen. Damals, eine sehr bittere Erkenntnis.
Heute kann ich darüber schmunzeln, weil ich weiß, das ich, eine „blaue" und eine „rote" Seite habe. Die blaue Seite ist diejenige, die um der vermeintlichen Sicherheit willen, lieber im Sessel sitzt, als etwas Neues auszuprobieren. Offen gesagt, sie hat Angst vor Veränderungen.
Die rote Seite ist die, die glücklich darüber ist, das sie jetzt weiß, wer sie ist und welcher ihr Lebenszweck ist. Und glauben Sie mir, es ist die Stärkere.

Und das bin ICH -
die ich hier schreibe.
Denn ich möchte, das alle meine
Geschwister erfahren, das sie genau
so sind wie ich. Das sie alle dieselben
Fähigkeiten und Chancen haben,
ohne Ausnahme.
Ich möchte, das meine Geschwister
auch ein glückliches Leben führen
können.
Es liegt in ihrer Macht und ihrer
Entscheidung.

Persönliche Notizen

Persönliche Notizen

2. Wer oder was bin ich?

Ich bin die Energie, die das Leben, welches der Mensch hier lebt, organisiert. Man nennt mich Geist, Verstand, Ratio oder auch Ego. Sie haben schon richtig gelesen. Ich bin Energie und das ist meine Aufgabe.

Wissen sie, Geschwister von mir, die zu Wissenschaftlern wurden, haben schon vor sehr langer Zeit entdeckt, das alles, was es, hier auf der Erde gibt, ursprünglich von der kosmischen Energie abstammt. Und sie haben auch entdeckt, das Materie und Energie, derselbe Stoff sind. Nur, ist die Materie eben so dichte Energie, das der Mensch sie sehen kann.

Aber meine Wissenschafts-Geschwister, haben nie die Verbindung, zu sich selbst gemacht. Zu sich selbst, als Geist oder Verstand. Sie ließen dieses Wissen, im wissenschaftlichen Bereich allgemein, stehen.

Manche von Ihnen sind zu dem Schluss gekommen, das diese universelle Energie, sogar ein Bewusstsein ist, mit dem unsere Seele in Verbindung steht.

Es gab immer wieder Einige von Ihnen, die über dieses Thema nachdachten, aber nie so ausprobierten, wie ich es getan habe. Ich habe nämlich, als ich über das Thema Energie las, eine Schlussfolgerung gezogen.

Wenn Alles, aus der universellen Energie entstanden ist, dann liegt es nahe, das auch ich Energie bin.

Denn aus der Physik wusste ich, das man diese Energie nicht trennen oder abschalten kann. Das sie immer da war und sein wird. Sie kann sich nur verändern. Also lag es nahe, das auch ICH Energie bin. So wie der Körper und die Seele.

Denn interessanterweise, stellen ja einige Wissenschaftler, durchaus eine Verbindung zwischen unserer Seele und diesem kosmischen Bewusstsein her.

Ich habe ein Buch gelesen, darin unterhielten sich drei Wissenschaftler.
Immer wieder kamen sie an den Rand der Wahrheit und ich wollte ihnen schon zurufen:"los, noch ein halber Schritt, dann habt ihr es", aber es war ja ein Buch, sie hätten mich nicht hören können.

Ich habe diese Verbindung gemacht und habe festgestellt, das ich damit, nicht plötzlich zu E.T. wurde. Äußerlich tat sich gar nichts.
Aber innerlich öffneten sich Welten.

Ich ERLEBTE, wer ich wirklich war. Denn ich bekam die direkte Verbindung, zu meiner Seele.
Das heißt, diese Verbindung wurde mir wieder BEWUSST. Denn da, war sie schon seit meiner Geburt.
Auch der Körper und die Seele, sind Energie.Unseren Körper können wir sehen, die Seele nicht. Aber wir können sie fühlen. Im Ernst, sie äußert sich über Gefühle.

Das ist die Sprache der Energie allgemein und damit konnte ich nun mit meiner Seele und mit der universellen Energie BEWUSST kommunizieren.

Denn wir sind Alle dieselbe Energie. Sehen Sie, unsere Seele, Jeder hat ja eine, dirigiert uns genau dorthin, wohin wir wollen.

Und zwar ohne das wir dauernd im Schlamm stecken bleiben.

Aber dazu, müssen wir, auch auf unser Gefühl hören.

Wie oft hat sie mich so gewarnt, den falschen Weg zu gehen.

Aber ich hatte es nicht begriffen und landete prompt dort, wo ich NICHT hin wollte.

Ich muss sagen, sie hat eine Engelsgeduld.

Der Mensch ist also ein Teil der universellen Energie, ein Teil dieses kosmischen Bewusstseins. Das ist überall und war immer überall. Deshalb ist jeder Mensch, also auch ICH, immer mit ihr verbunden und war es auch immer.

Und es kommt noch besser.
Wir sind alle miteinander und untereinander verbunden. Weil diese Energie, keinen Anfang und kein Ende hat.
Sie ist das ganze Universum.
Bei mir ratterte es. Deswegen erleben wir so oft, das Einer den Satz des Anderen vollendet, obwohl er ja gar nicht wissen kann, was der Sprecher sagen wollte.
Denn, Gedanken können wir nicht lesen.

Aber, wir können fühlen, was als nächstes kommt, daher auch spontan Sätze vollenden. Aber auch das nur, wenn wir uns auf unser Gefühl verlassen und genau zuhören.
Wir tun es, ohne es zu bemerken und auch meistens nur sehr kurz.
Und das Alles, haben meine Geschwister und ich vergessen.
Wir haben tatsächlich unsere eigene Abstammung vergessen.
Im Laufe meiner Suche, stolperte ich immer wieder über Sie.

Bis ich eines Tages einen Klick hörte
und da war mir klar:
natürlich, auch du bist Energie. Von
da an ging es bergauf.

Persönliche Notizen

Persönliche Notizen

3. Meine rote und meine blaue Seite

Sie wissen jetzt, welchen Ursprung ich habe und was meine Aufgabe ist. Man könnte sogar sagen, das wir Alle hier, ein Spiel spielen, welches „Spiel des Lebens" genannt wird.

Nun ja, wer schon mal Monopoly gespielt hat, der weiß, das, wenn die Würfel ungünstig fallen, er das Gewonnene auch wieder verlieren kann.

So ungefähr ging es auch mir und meinen Geschwistern. Im Laufe des Spiels, sind wohl, irgendwann mal, die Würfel ungünstig gerollt und wir haben das Thema Angst kennen gelernt. Sehr ungünstig für uns!

Denn vergessen wer man ist und auch noch Angst zu haben, ist eine fürchterliche Kombination. Das Ergebnis war, das sich unsere „blaue Seite", von uns auch EGO genannt, entwickelt hat.

Zeit genug hatte sie ja, im Laufe der Evolution. Unsere „blaue Seite", hatte nun die Regie im Spiel. Offensichtlich, hatte sich, die für sie typische Energie, zu einer so riesigen Wolke zusammengeballt, das sie die rote Energie, an Größe übertraf.

So stelle ich es mir vor. Das Spiel wurde turbulent und daran hat sich bis heute nichts geändert. Interessant ist, das meine Geschwister, trotzdem immer auf der Suche waren und sind, zu erfahren wer sie sind und wie sie sich das Lebensspiel leichter machen können.

An Bruchstücke erinnern sie sich wohl, sonst würde es nicht so viele positive Bücher und Seminare geben. Nun fehlt nur noch das Wissen/das Erinnern daran, wer sie sind.

Damit kann sich das Spiel, für jedes meiner Geschwister, völlig ins Positive verändern.

Das heißt die Würfel fallen, nur noch, zu ihren Gunsten. Damit gibt es keine Verlierer mehr und das Spiel bleibt nach wie vor facettenreich. Was wir uns, ja, alle wünschen.

Denn die bisherigen technischen, wirtschaftlichen und sozialen Errungenschaften, sind grandios. Wenn man bedenkt, das sie unter der Regie unserer „blauen Seite" entstanden sind.

Wenn ich daran denke, was unter der Regie, unserer „roten Seite", noch entstehen kann, bekomme ich regelrecht Herz flattern, vor Freude.

Ansätze dazu gibt es, schon jede Menge. Es wird öfter mit Herz gedacht und gehandelt, wie die Blaue sagt. Dabei ist IHR leider nicht klar, das das mit diesem Muskel, überhaupt nichts zu tun hat. Sondern es ist das Gefühl, was den Ausschlag, zum positiven Ende, einer Aktion gibt. Es wird mit mehr „Gefühl", gedacht und gehandelt.

Die Intuition, wird öfter zu Rate gezogen und damit die Hilfe durch unsere Seele. Oder wenn Sie so wollen, durch die Universelle Energie. Es ist DIESELBE Energie.

Damit kann gar nichts schief gehen, weil die, immer nur, aus positiven Gründen handelt. Das habe ich auch herausgefunden.

Meine blaue Seite konnte sich soviel Mist ausdenken, wie sie wollte.

Wenn ich anschließend das Gefühl eingeschaltet habe, um zu prüfen ob der Weg, der Richtige ist, wusste ich sofort:" aha, die Gute, will schon wieder Unsinn anstellen". Oder sie hatte mal einen „guten" Tag und dachte sich was Schönes aus.

Dann gab es ein gutes Gefühl und ich konnte den Körper zum Handeln anregen. Das ist Auch, meine Aufgabe.

Denn der Körper ist ja nur die Verkleidung, die uns Energien ermöglicht, hier auf der Erde, überhaupt zu existieren. Er ist zwar auch Energie, aber so stark verdichtet, das er Anweisungen braucht, um in Aktion treten zu können. Diese Anweisungen führt er aber, sehr, gründlich aus.

Energie funktioniert IMMER perfekt, auch wenn sie verdichtet ist.

Wie ich vorhin, schon sagte, haben wir Geister, auch eine blaue Seite entwickelt. An sich eine gute Sache, denn damit konnten wir erst erkennen, welches die rote Seite, unsere positive Haltung ist.

Man braucht, in diesem Spiel immer auch einen Gegenpol, um den ursprünglichen Zustand zu erfahren.

Wenn es kein Weiß gibt, denke ich es gibt nur Schwarz und kann es gar nicht als Schwarz erkennen, weil ich nichts anderes kenne.

Und wir Geister, sind ja alle positiven Ursprungs, da wir ja aus diesem kosmischen Bewusstsein stammen, welches nur Liebe kennt. Das habe ich, als ich wieder entdeckte, wer ich bin, erfahren.

Im Laufe der Evolution, haben wir uns, ein bisschen zu sehr, mit unserer, blauen Seite identifiziert. Die rote Seite, trat immer mehr in den Hintergrund, verschwand aber nie ganz.

Weil Energie gar nicht verschwinden kann, sie kann sich nur verändern.

Während meiner Suche, habe ich also entdeckt, das ich bestens, nur mit meiner roten Seite leben kann, da ich die blaue Seite, ja schon ausgiebig genossen hatte und genau wusste, wer sie ist. Das wissen alle meine Geschwister, sie können also, ohne Probleme auf deren Tüfteln verzichten und trotzdem ein erfolgreiches Lebensspiel spielen.

Sie müssen sich nur noch daran erinnern.

Nun ist da noch meine Seele. Sie hatte es gar nicht leicht mit mir. Ständig wollte ich mit dem Kopf durch die Wand, wo es doch viel einfacher ist, sich von ihr führen zu lassen.

Auf ihrem Weg, gibt es keine Ecken und Kanten und ich war bekannt dafür, das ich jede Ecke mitgenommen habe, die ich nur erwischen konnte. Wie, übrigens alle meine Geschwister, was uns ja auch, jede   Menge,   Kopfschmerzen beschert.

So hantieren unsere blauen Seiten.

Eine Seele will immer nur schöne Dinge erleben, woran sie in der Vergangenheit, ständig durch meine Blaue gehindert wurde. Ich, die Rote, übrigens auch.

Nun wird meine Blaue, aber immer aus getrickst. So wie ich schon sagte, ich frage einfach meine Seele, ob alles in Ordnung ist.

Sie schickt mir dann ein Gefühl, an dem ich ablesen kann, wie ich mich weiterhin zu verhalten habe.

Unser Gefühl ist wie eine Art Stromzähler. Nur können wir hier ablesen, ob er positiv oder negativ ist. Einfacher geht es wirklich nicht, wenn man bedenkt, das wir uns weder sehen, noch hören können.

Dafür ist aber das Gefühl, um so intensiver.

Unser „Lebensspiel" hat Regeln und im Universum gibt es auch EINE Regel. Wir kennen sie schon lange, aus der Physik.

Es erinnerte, sich bloß keines meiner Physiker-Geschwister daran, das das auch die universelle Regel, für dieses Spiel ist.

Die besagt „Gleiches zieht Gleiches" an, das Resonanzgesetz.

Wenn ich also negative Gedanken abschieße, muss ich mich nicht wundern, wenn ich nur unangenehme Dinge erlebe.

Und das, wo ich es doch nur gut gemeint habe. So denken viele meiner Geschwister. Ich, früher übrigens, auch.

Sie erinnern sich eben nicht an diese Regel und auch nicht daran, das jeder unserer Gedanken Energie ist.

Das kann ja gar nicht anders sein, wenn ich selbst Energie bin.

Damit sind auch meine Gedanken und Gefühle Energie.

Man kann ja aus einem Kuchenteig, auch keinen Mörtel machen und damit ein massives Steinhaus bauen.

Ich bin also selbst Energie und gehe den ganzen Tag damit um. Wer hätte das gedacht?!

Ein bisschen Übung braucht man schon dazu, denn unsere universelle Verwandte ist super schnell.

Das sind Schwingungen, in verschiedenen Qualitäten, ständig in Bewegung, reagierend auf das, was meine Geschwister und ich, gedanklich so alles verzapfen.

Und das ist, pro Tag gesehen, ein ganze Menge.

Ein Verstand, springt nun mal gerne von Thema zu Thema, baut es aus, bricht es ab, fängt was Neues an.

Aber dieses Sammelsurium von Energie, bestehend aus Gedanken, Tönen, Gefühlen, Bewegungen, schwirrt wild um uns herum und erzeugt so ein elektromagnetisches Feld.

Na prima, dachte ich und was ist der Mensch dann? Ganz einfach: er ist, so was wie ein Magnet.

Diese Erkenntnis, hat mich etwas erschrocken, denn nun verstand ich, weshalb ich, immer postwendend, die Antworten bekam.

Und wurde sehr vorsichtig, in meinem Denken.

Der Alltag, in dem wir das gefundene Puzzle, ja ständig anwendeten, bewies uns, von morgens bis abends, das es genau so ist.

Leider hat unsere Seele, keinen Einfluss darauf, sie kann nur unterstützen und helfen, wenn wir auf unsere Gefühle hören. Ansonsten ist sie, regelrecht dazu verdammt, über unsere Gefühle all das mitzuerleben, was wir unbedarfte Geister austüfteln.

Aber das muss ja nicht so bleiben.

Jedes meiner Geschwister hat dieselben Fähigkeiten wie ich.

Sie müssen sie nur ausprobieren.

Persönliche Notizen

Persönliche Notizen

4. Wissen, was man erleben will

Wir Geister, sind also erschaffen worden, um das Leben des Menschen zu organisieren. Das ist unsere Aufgabe.

Was wohl vorher niemand wusste, das wir uns, in eine blaue/negative Seite und eine rote/positive Seite entwickeln würden. Ich schätze, das kam auch für uns Geister, recht unangenehm, überraschend.
Denn, soviel ich weiß, ist auch die Blaue, mit den Ergebnissen ihres Denkens, alles andere, als zufrieden oder gar glücklich.
Aber wer hat denn nun den Anspruch etwas erleben zu wollen, wenn wir Geister organisieren?
Es sind unsere Seelen.
Sie durchdringen und umhüllen mit ihrer Energie den Körper und sind regelrecht erpicht darauf, ein schönes Leben zu leben.

Ganz egal, was die einzelne Seele darunter versteht.

Es sind immer nur positive Dinge, erbaulich für uns alle Drei.

Ich habe gelernt, das wenn ein saustarkes, gutes Gefühl, bei einem Gedanken auftritt, meine Seele, das gerne erleben würde. Also schicke ich, weitere Gedanken in dieselbe Richtung, überprüfe immer wieder mit dem Gefühl, ob die Richtung noch stimmt und warte darauf, das der Wunsch in Erfüllung geht.

Parallel, setze ich den Körper in Bewegung, wenn Handlungsbedarf besteht. Denn die Seele, meldet sich auch, mit spontanen Gedanken, die für mich immer überraschend kommen und immer von einem guten Gefühl begleitet sind.

Um mir Hinweise und Tipps zu geben, was denn nun als nächstes dran ist, wo der Körper noch etwas tun kann, damit der Gedanke sich realisiert.

In der Zwischenzeit, aale ich mich, in

der Gewissheit, das meine Seele und ich, bald etwas Schönes erleben werden.

Die Blaue, hat derweil Pause.

Wir Geister, müssen schon herausfinden, was genau WIR wirklich wollen, denn die Energie, erfüllt uns jeden Wunsch, auch wenn er noch so verrückt ist. Sie kann ja, nur nach dem Resonanzgesetz handeln.

Und wenn ich Zwiebeln schneide und dabei ständig denke: „hoffentlich schneide ich mir nicht in den Finger", dann steht fest, das ich, mit bandagiertem Finger, beim Essen sitze. Sicher muss ich, wenn ich etwas schneide, auf die Handlung SEHEN.

Denn so ist das nun mal hier, aber OHNE Angst, das etwas passiert, sonst habe ich, bald den Joker in der Hand, in Form eines Schnittes, der ja recht unangenehm sein kann.

Und damit hätte dann die Blaue gewonnen. Nur SIE, handelt ohne Glauben und Vertrauen in ihre

EIGENEN Fähigkeiten. Aber das müssen wir alles nicht mehr haben, wenn wir uns bewusst werden, wer wir wirklich sind und was für eine wundervolle Erfindung uns zur Seite steht, nämlich unsere Seele.

Und das Schönste an der Geschichte, wir müssen weder meditieren, noch Suaheli oder Baggerfahren lernen, um all das zu können. Aber wir können und sollen alles tun, was uns gut tut und Spaß macht, um so entspannter sind wir und um so leichter fällt es uns, in die neue Verhaltensweise zu wechseln.

Wenn Sie also meinen, das Ihnen, eine tägliche Fahrradtour gut tut und hilft, in die neue Verhaltensweise zu gehen, dann tun Sie es.

Achten Sie aber auf Ihr Gefühl, denn Ihr Seele, sagt Ihnen genau, wie viel Sie sich zumuten sollen, um sich wohl zu fühlen.

Wenn Sie schon auf die Gefühle achten, können Sie auch gleich mal herausfinden, was Sie denn nun wirklich, für ein Leben leben wollen, was Sie/Ihre Seele alles erleben wollen.

Sie wissen ja nun, das nur die, mit einem guten Gefühl verbundenen Wünsche, von Ihrer Seele stammen und damit die echten Wünsche sind.
Denn unsere blaue Seite, hat die Fähigkeit, Sie mit Wünschen regelrecht zu überschütten, springt von einem zum anderen Wunsch, verändert dauernd das Endergebnis.
Sie ist immer schwankend, kann sich mit keinem Wunsch so richtig identifizieren, erfindet tausend Ausreden, warum es, ausgerechnet mit diesem Wunsch nicht klappen könnte oder wird. Daran, können Sie aber sehr leicht erkennen, ob es ein echter Wunsch ist oder nicht.
So gesehen, ist die Existenz unserer blauen Seite, uns sogar eine Hilfe, die wir, am Anfang des neuen Verhaltens, gut nutzen können. Probieren Sie es aus, finden Sie heraus, was Sie wirklich wollen.

Persönliche Notizen

Persönliche Notizen

5. Klare Worte sprechen

Wenn ich etwas haben oder erleben will, dann formuliere ich es, zumindest in Gedanken.

Manchmal, erzähle ich es auch, ein paar von meinen Geschwistern und die bemühen sich dann mit aller Kraft, es mir wieder auszureden, wenn ihnen mein Wunsch nicht gefällt.

Ist nicht schlimm, ich weiß ja, das es ihre blaue Seite ist, die so unwirsch reagiert.

Leider ist IHNEN das nicht bewusst und woran sie sich noch nicht erinnern, ist, das sie damit nur unangenehme Dinge für sich selbst anziehen.

Weil unsere Energie ständig in Bewegung ist, ziehen wir auch dann Negatives an, wenn wir, nur so daher reden, aber ein ungutes Gefühl dabei haben.

Denn ausschlaggebend, ist die Energie des Gefühls. Gedanken,

Töne, Bewegungen, Handlungen, verstärken sie nur.

Das Gefühl, ist das Signal, welches den Resonanzstrom an Energie in Bewegung setzt. Liebe Geschwister, achtet auf eure Gefühle, wenn ihr etwas denkt oder tut.

Als ich nun wusste wer ich bin, dachte ich: super, dann brauchst du dir nur noch etwas zu wünschen und dich gut zu fühlen und es kommt. Falsch gedacht!

Ich wartete und wartete, fragte meine Seele und bekam nur ungute Gefühle. Aber warum denn, ich hatte doch deutlich gesagt was ich mir wünschte und fühlte mich auch gut.

Und genau das war es.Wenn ich mir etwas wünschte, erklärte ich, das ich es nicht hatte.

Da steckte doch tatsächlich ein Mangelgedanke dahinter.

Ist doch klar, ich wünsche mir doch nichts, was ich schon habe.

Nun gut, den Brocken schluckte ich noch, der nächste blieb, auch mir, im Halse stecken.

Denn wie sollte ich meinen Wunsch nun korrekt formulieren?

Ich hatte keinen blassen Schimmer und begann zu analysieren.

Die Vergangenheit war erledigt, daran musste ich keinen Gedanken verschwenden. Von der Zukunft wusste ich, das NIEMAND, in der Lage ist, sagen zu können, was sein wird. Denn wir Geister planen ja ständig neu. Auch ich weiß nicht, was mir morgen noch alles einfällt.

Vor allem unsere blaue Seite, verändert pausenlos, ihre Gedanken, bis zur Unkenntlichkeit.

Das hat sich, bei ihr, im Laufe dieses Spiels so entwickelt.

Ihr kommt ein Gedanke, den dreht und wendet sie, bis sie vom Schokoladenkuchen, zum Schweinebraten gelangt und das ohne, das Eines mit dem Anderen zu tun hat.

Sie ist einfach unsicher, kann sich nicht entscheiden, hat immer Angst die falsche Entscheidung zu treffen. Daher kommt dann, dieses

Kopfkarussell, das den Meisten von uns, Migräne beschert.

All die Gedanken und Gefühle, die von uns unbemerkt, täglich durchs All schwirren, bewirken ja auch Energieverschiebungen.

Selbst dann, wenn ich mich selbst kontrolliere, weiß ich nicht was meine Geschwister so anstellen.

Blieb nur die Gegenwart.

Also in der Gegenwart formulieren.

Und wie hört sich das an?:

-ich HABE einen tollen, sehr gut bezahlten Job

-ich HABE ein gut gefülltes Konto

-ich HABE eine schöne Wohnung

-ich BIN Direktor einer Firma

-ich BIN zufrieden und glücklich

-ich BIN selbstbewusst.

Das war es, ich musste alles, was ich mir wünschte, so formulieren, als ob ich schon mitten drin säße.

Es funktionierte prächtig, denn so habe ich mir ein neues Auto, an Land gezogen, obwohl ich keine Ahnung hatte wie das, finanziell funktionieren sollte.

Aber das, ist ja auch nicht meine Aufgabe, das erledigt die kosmische Verwandtschaft für uns, wenn wir ihr vertrauen.

Die blaue Seite hat, normalerweise, einen Haufen Arbeit damit, bis das neue Gefährt, vor der Tür steht.

Ich, habe nur die Marke ausgesucht und das, hat einen Riesenspaß gemacht.

Alles Andere, wurde von anderen Geistern und der Energie erledigt. Ich musste nur „Ja" oder „Nein", sagen. Denn wir spielen ja nicht allein, sondern haben, bei allem was wir uns ausdenken, IMMER, auch Mitspieler, von denen Jeder, seinen besonderen Part hat.

Es ist die GEGENWART in der wir leben und alles geschieht.

Es steht uns frei, zu wünschen, zu hoffen und zu bitten, aber all das sind nur Bestätigungen, des Mangels, in dem wir sitzen.

Entsprechend sind die dazugehörigen Gefühle negativ.

Was passiert – wir erleben noch mehr, von dem was wir loswerden wollen.

Nun wusste ich: ab jetzt musste mein Denken in der Gegenwart stattfinden, wenn ich all das was ich mir wünschte auch erleben wollte.

Und da hängt ja schon der ganze Alltag dran, nicht nur unsere Sonderwünsche.

Wir können ja, wenn wir es wollen, jede Minute unseres Tages, auf diese Art, vor planen.

Keine Angst, ich tue es auch nicht, aber ich achte darauf was und wie ich denke, weil mir das ein gutes Gefühl vermittelt. Damit befinde ich mich automatisch in Verbindung mit meiner Seele. Die dann auch prompt reagiert, wenn meine blaue Seite mal wieder, durch die Hintertür einsteigen will.

Diese Versuche werden immer seltener, je länger man sich in der neuen Verhaltensweise übt.

Weil auch die negative Energie, der blauen Seite, sich in rote Energie,

also in mich, die ich positiv bin,
verwandelt.

Damit, bin ich als Geist, dann nur
noch rote Energie und in der Lage,
meinem Menschen ein schönes
Leben, hier zu bieten.

Persönliche Notizen

Persönliche Notizen

6. Die Macht des Geistes

Es gibt da ein Thema, mit dem wir Geister, uns schon seit Jahrhunderten, sehr intensiv, befassen. Nämlich mit unserer eigenen Macht.

Wir nennen es: „die Macht der Gedanken".

Aber es geht um unsere eigene Macht und die ist unvorstellbar groß.

Denn wir sind, haargenau dieselbe Energie, wie unsere Seele. Und die, ist reine Ursprungsenergie, reines Bewusstsein.

Wenn ich an die Mühe denke, die wir Geister, in dieses Thema, schon investiert haben, kommen mir die Tränen. Wir sind, in unseren Bemühungen ganz nahe, an die eigentliche Bedeutung, herangekommen.

Die Gedanken, sind nur ein Hilfsmittel, das dazu dient, unsere wahre Macht, nämlich unsere, ganz persönliche Energie, in Bewegung zu

setzen und in die positive oder die negative Richtung zu lenken.
Denn so ist das Lebensspiel.
Wir müssen erst etwas denken, damit sich die Energie in Bewegung setzten kann und sich unser Leben hier gestaltet.

Ein Gedanke ist ja auch Energie, aber ohne die Bedeutung, die wir ihm geben, könnte sich hier kein Leben gestalten.
Also müsste es eigentlich heißen:" die Macht des Geistes".

Als ich das begriffen hatte, wurde mir erst mal schlecht.
Kein Wunder, bei so einer Erkenntnis.
Und ich wurde, wenn überhaupt möglich, noch vorsichtiger in meinem Denken.
Ja, ich geriet schon fast in Panik, wenn ich bemerkte, das meine blaue Seite, wieder dabei war, Unfug anzustellen.
Denn sie, hatte diese Erkenntnis, offenbar nicht begriffen, oder wollte

es nicht begreifen. Aber der Körper, die Seele und ich, mussten dann ausbaden, was meine blaue Seite, geordert hatte.

Nun kam eine schwierige Zeit für mich, denn ich verwandte meine ganze Kraft darauf, auf meine blaue Seite aufzupassen.

Bis es eines Tages „Ping" machte und mir klar wurde: du musst nicht auf sie aufpassen. Du musst nur deine Seele fragen und schon weißt du genau, was los ist.

Das ist ein Ding, von Sekunden, Energie, ist unvorstellbar schnell.

Gott, war ich erleichtert. Mir fielen, regelrecht, die Alpen, von den Schultern. Sie können ruhig lachen, für mich, war es damals so.

Von da an, kam eine lustige Zeit, denn ich begann mit meiner Macht, bewusst, zu spielen.

Ich unterhielt mich, in Gedanken, mit meinen Mitmenschen.

Nach außen hin, sah es so aus, als ob ich ihnen still zuhören würde und sie wunderten sich, weshalb ich so schweigsam war.

Aber das war ich ja gar nicht, ich war sogar sehr redselig, nur wies ich den Körper nicht an, zu handeln.

Der Mund blieb still und trotzdem fand eine Unterhaltung statt.

Denn mein Gegenüber erzählte, ich fragte, in Gedanken, was dazu und prompt kam die passende Antwort.

Ich habe sehr viel gelacht, in dieser Zeit. Denn ich, kannte das ganze Gespräch, mein Gegenüber nur das, was es selbst gesagt hatte. Ich war sogar glücklich, denn einmal mehr bewies sich damit, unsere Abstammung.

Als nächstes probierte ich aus, ob diese Energetische Verbindung zwischen uns, auch dann funktioniert, wenn ich gedanklich, mein Gegenüber etwas Bestimmtes fragte.

Zum Beispiel, zu einem Thema, das meine blaue Seite, nicht ansprechen wollte. Manchmal dauerte es ein paar Minuten, bevor die Antwort kam. Aber sie kam.

Mein Gegenüber, wechselte das Thema und gab mir, zu meiner Überraschung, mehr Informationen, als ich hätte erfragen können.

Das ist möglich, weil, in dem Moment, wenn ICH, (die rote Energie), in Gedanken etwas frage, meine Energie, an seiner roten Seite andockt. Damit bleibt die blaue Seite unberührt und wird regelrecht überrumpelt, das heißt sie hat keine Möglichkeit zu reagieren, BEVOR ich, die wahrheitsgemäße, Antwort habe.

Zu dem Zeitpunkt wusste ich schon, das ich, mit solchen Spielchen, niemandem, außer mir selbst schaden konnte.

Denn die Resonanzenergie, schnellt IMMER, zum Absender, des Gedankens zurück. Im Gegenteil, ich bekam, die Bestätigung dafür, das jede rote Seite, sehr gern, darauf einging, weil damit, die blaue Seite ausgeschlossen werden konnte. Der Dialog, verlief ruhig und in geordneten Bahnen. Aber das ist ja nicht der eigentliche Sinn.

Wir sollen ja in der Lage sein, auch lauthals, nur über unsere rote Seite zu kommunizieren und das ist Trainingssache.

Es geht, im Prinzip also, um unsere Macht, als Geist oder menschlicher Verstand, wenn Sie so wollen. Die müssen wir erkennen und trainieren sie gezielt einzusetzen.

Wir organisieren und dirigieren, mit dem Hilfsmittel Gedanken, das Leben, welches wir als Ganzes/als Mensch, hier erleben.

Eine sehr schöne Aufgabe, die ein enormes Potential hat, wenn wir mit unserer Seele zusammenarbeiten.

Aber dazu müssen wir uns wieder daran erinnern wer wir sind.

Nun, ich habe es Ihnen erklärt und hoffe, dass Sie, damit Erleichterung, in Ihrem Leben erfahren. Wir setzen, dieselbe Macht auch dann ein, wenn es um spezielle Wünsche geht.

Es spielt keine Rolle, ob wir uns einen schöneren Alltag, oder einen Luxusschlitten wünschen.

Es gilt immer die Gegenwartsformulierung und das Resonanzgesetz, wenn das Puzzle funktionieren soll.

Persönliche Notizen

Persönliche Notizen

7. Kopfkino

Wann immer wir etwas denken, oder uns mit jemandem unterhalten, ziehen Bilder durch unseren Kopf. Manchmal, lachen wir darüber, meistens, schenken wir ihnen, keine Beachtung.

Mir, als Geist, macht das Basteln von Bildern, ein riesiges Vergnügen. Und nachdem, ich nun wusste, wer ich war, lernte ich sie gezielt einzusetzen, um die Energie, meines Wunsches zu verstärken.

Ich habe monatelang, ganze Filme fabriziert und meine Seele, möglicherweise, damit zur Verzweiflung gebracht.

Vielleicht, hat sie aber auch nur Tränen gelacht, über den Unsinn, den ich da verzapfte.

Es dauerte ein bisschen, bis ich genau wusste, was meine Seele erleben wollte und bis ich meine blaue Seite, im Zaum halten konnte.

Denn die hat natürlich kräftig mit produziert.

Was sie allerdings und zu meinem Glück, immer vergaß, das ich über das Gefühl kontrollieren kann, ob das Bild richtig ist oder nicht.

Langsam verebbte der fast unendliche Bilderstrom und es kristallisierten sich, die echten, Bilder heraus.

Ich bekam die Füße auf den Boden und ein neues Auto.

Nun wusste ich, das auch Bilder eine sehr heftige Energie beinhalten, die wir uns zu Nutze machen können, wenn wir an der Erfüllung, eines Wunsches arbeiten.

Dabei, spielt es keine Rolle, ob das Bild nur im Kopf besteht, oder jemand Lust hat, sich eine Collage zu basteln.

Wichtig dabei ist nur, das es das Endergebnis, des Wunsches ist. Nur das zählt.

Denn wir müssen nicht wissen, wie und auf welchen Wegen, sich unser Wunsch erfüllen wird.

Und welche Menschen und Gegebenheiten, daran beteiligt sind.

Das ist die Aufgabe der großen Energie.

Wir müssen, nur den Hinweisen folgen, die wir von unserer Seele bekommen. Sie sagt uns schon zum richtigen Zeitpunkt, wann Handlungsbedarf angebracht ist. In dieser Wartezeit, ist Geduld angesagt und der weitere Umgang, mit dem Puzzle.

Dieses gehört zum Energiesystem des Spiels und muss angewandt werden, wenn wir genau das erleben wollen, was wir uns wünschen.

Trotzdem erfordert es keinen Aufwand, es ist nur eine Sache von Minuten, später sogar nur Sekunden, denn Energie ist ja verflixt schnell.

Und sind wir erst mal auf der richtigen Schiene, hilft ein Bild uns sehr effektiv, auch darauf zu bleiben.

Denn da gibt es noch ein kleines Geheimnis.

Das Endbild eines Wunsches, hilft

uns,ein SICHERHEITSGEFÜHL zu installieren, aufzubauen und zu halten. Dieses Gefühl beinhaltet das gesamte Puzzle. Schön, nicht?

Also noch mehr Einfachheit, einfacher geht es wirklich nicht.

Fertigt man sich eine Collage an, muss auch hier, nur das Endergebnis drauf, wobei es bei Ausdrücken, ein aufgeklebtes Wort auch tut. Es steht ja symbolisch, für alles was sich mit dem Begriff verbindet, sorgt aber über dieses Sicherheitsgefühl, dafür, das wir die ganze Wartezeit über, mit einem super starken, guten Gefühl herumlaufen.

Das ist es, was wir tun müssen, mit viel gutem Gefühl, durch den Tag zu laufen, dann purzeln, die schönen Dinge, wie von Zauberhand geworfen, in unser Leben.

Was immer Sie noch auf die Collage kleben wollen, es ist alles gestattet, wenn – es aus dem Endergebnis resultiert.

Immer nur das Endergebnis zählt,

weil es uns das Gefühl gibt, das wir unseren Wunsch schon genießen, auch wenn er sich noch nicht realisiert hat.

Versuchen wir, den Ablauf, bis zur Wunscherfüllung, zu gestalten, kann es passieren, das wir selbst, Stolpersteine auf den Weg werfen.

Vor allem dann, wenn sich unsere blaue Seite einschaltet, die ja immer meint, sie muss unbedingt, das Steuer in der Hand behalten.

Aber wenn wir unser Wunschleben führen wollen, sind wir bestens beraten, unserer Seele das Steuer zu überlassen.

Denn wir wissen nicht, welche Menschen und Ereignisse, notwendig sind, um unseren Wunsch zu erfüllen.

Wir können die Energien, ja nicht sehen, nur fühlen.

Daher sind ja auch Glauben und Vertrauen angesagt.

Persönliche Notizen

Persönliche Notizen

8. Glauben und Vertrauen

Auch ich habe Monate des Zweifelns hinter mich gebracht.

Und das, obwohl mir die Geschehnisse im Alltag, ständig bewiesen, das ich auf dem richtigen Weg war. Aber die Altlasten, an Glaubens- und Verhaltensmustern, waren fest verankert. Tag für Tag schüttelte ich mich, wie ein nasser Pudel, um sie los zu werden. Bis ich begriff, das es meine blaue Seite war, die sie fest hielt.

Danach war es einfach. Bemerkte ich, das die"Blaue" sich meldete, wischte ich ihre Einwände, einfach weg und konzentrierte mich nur noch auf das, was die Seele und ich wollten. Es funktionierte immer.

Ich tue es heute noch.

Denn heute weiß ich genau was meine Seele und ich wollen.

Und das ist für Jeden wichtig zu wissen. Denn sonst ist das Leben ein

Sammelsurium von Kraut und Rüben.

Beides kann gewaltig im Magen liegen. Ein völlig unnötiger Vorgang.

Denn im Prinzip, weiß, jeder Verstand was er erleben möchte, weil er ja immer mit der Seele verbunden ist und die ist ja deshalb geboren worden. Er traut sich nur meistens nicht, es auch laut zu sagen, weil er befürchtet, das die Anderen ihn aus seiner Mitte ausschließen. Damit hat er nicht ganz Unrecht. Es ist die Angst vor Veränderungen, vor dem Versagen, die meine Geschwister, meistens davon abhält, ihr Wunschleben zu leben. Die Angst, alles was neu auf sie zukommt, allein bewältigen zu müssen. Und damit, haben sie eine Menge schlechter Erfahrungen gemacht. Aber – das Alles, kann man tatsächlich, mit einem einzigen Entschluss, abschütteln. Nämlich der Entscheidung, ab jetzt, nur noch in der neuen Verhaltensweise, zu leben. Ich habe es ausprobiert. Es stimmt.

Ich musste nichts, aber auch gar nichts, aus meiner Vergangenheit, bereinigen, um ins neue Verhalten zu gehen.

Denn als Energie, habe ich die Macht, die ART, meiner Energie ständig zu verändern und damit, jede Minute meines Lebens, so zu gestalten, wie ich es mir wünsche.

Mit ART, meine ich positiv oder negativ.

Dabei spielt das, was ich in der Vergangenheit erlebt habe, überhaupt keine Rolle. Außer, ich halte meine alten Glaubens- und Verhaltensmuster fest. Dann spielt es eine Rolle, verhindert, das ich das Puzzle anwenden kann.

Aber das entscheide ICH allein und deshalb kann ich genau so gut entscheiden: „meine Vergangenheit und alles was dazugehörte, ist passé. Ein herrliches Gefühl!

Ich begriff, das ich als erstes an mich selbst und meine Fähigkeiten glauben muss, bevor ich etwas realisieren kann.

Und hier muss ich Ihnen sagen, das es völlig unwichtig ist, ob Sie an die universelle Energie/das universelle Bewusstsein und Ihre Seele mit deren Macht, glauben oder nicht.

Dieses System funktioniert trotzdem.

Es ist nur wichtig, das Sie an Ihre eigenen Fähigkeiten glauben und an Ihre Träume.

Dann können Sie, mit Hilfe des Puzzles, alles erreichen was Sie, sich vorstellen können.

Aber Sie müssen an sich selbst und Ihre Träume glauben und darauf vertrauen, das Sie genau das erleben, was Sie sich gewünscht haben.

Darin dürfen Sie nie schwankend werden, egal was Ihre blaue Seite, Ihnen unter zujubeln versucht.

Unsere blauen Seiten sind Meister darin, alles was wir uns an schönen Dingen ausdenken, im letzten Augenblick zu torpedieren. Und es funktioniert sehr gut, weil sie ja dieselbe Energie sind, wie wir, die roten Seiten.

Sie müssen, nicht einmal wissen oder daran glauben, das Ihr Verstand, Ihr eigener Geist, Energie ist.

Aber Sie müssen an sich selbst und Ihre Träume glauben.

Darin vertrauen, das Sie in der Lage sind sie zu realisieren.

Und das kann jeder Geist, mit Leichtigkeit, wenn er sich daran erinnert, welchen Ursprung und damit welche Macht er hat.

Wir können sowohl uns, als auch jedem anderen Geist, absolutes Vertrauen schenken, denn sein Ursprung, ist das universelle Bewusstsein der Liebe.

Davon habe ich Ihnen schon erzählt und es auch ausprobiert.

Es ist 100%-ig Verlass darauf, in jeder Situation, wenn ich, meiner Seele die Führung überlasse und nicht mehr durch die Irrgärten meiner blauen Seite laufe.

Vertrauen Sie sich selbst und ihrer Seele.

Persönliche Notizen

Persönliche Notizen

9. Intuition und Liebe

Nun tat ich das Alles, was ich Ihnen, bisher beschrieben habe und hatte immer noch nicht, den von mir, gewünschten Erfolg.

Meine blaue Seite siegte eins ums andere Mal und ich wurde , von Tag zu Tag unsicherer. Also begann ich erneut zu analysieren.
Ich musste, also wissen was meine Seele und ich wollten.
Ich musste es korrekt formulieren und aufpassen, das meine blaue Seite mir hier nicht dazwischen pfuschte.
Sie versuchte es immer wieder, denn sie hat ja, dasselbe Wissen wie ich, bekommt alles hautnah mit und ist ein Teil von mir, also dieselbe Energie.
Soweit alles klar.
Meine Bilder hatte ich mir, mit viel Geduld organisiert.
Parallel, hatte ich meine Gedanken

auf meine, neue Verhaltensweise ausgerichtet.

Und mittlerweile glaubte ich auch, an meine Wünsche und vertraute darauf, das ich, sie erlebte.

Was fehlte noch, weshalb lief ich immer noch, zu oft mit einem mulmigen Gefühl herum?

Dadurch wusste ich ja, das etwas noch nicht stimmte.

Das ging eine ganze Weile so, bis ich eines Tages, einen richtigen Tritt, von meiner Seele erhielt.

Ein Wunsch war dicht davor sich zu manifestieren, ich jubelte schon, da kam eine andere Angelegenheit dazwischen und mein Gefühl veränderte sich radikal ins Negative.

Aus war's mit meinem Wunsch und der Rest ging auch schief. Völlig verdattert saß ich im Schlammloch.

Als ich mich wieder gefangen hatte, und meine Seele danach fragte, kam es klar und deutlich.

Du hast deine Intuition nicht beachtet und hattest keine sehr guten Gefühle bei deinen Wünschen.

Es lief Alles, mehr über die halbherzige Schiene. Also, war es auch nicht, genau das, was ich wirklich wollte.

Meine blaue Seite, hatte wieder ganze Arbeit geleistet und ich hatte geschlafen.

Dabei hatte meine Intuition Überstunden gemacht, um mich wachzurütteln. Das ist das, was wir Bauchgefühl nennen.

Und geliebt, hatte ich meine Sendungen, auch nicht gerade.

Es war mehr so, na ja, damit kann man sich auch zufrieden geben. Aber das ist eine Verhaltensweise, die nur unsere blaue Seite an den Tag legt.

Wir roten Seiten, geben uns nur mit dem Original zufrieden.

Weil wir wissen, das jeder Mensch, das Recht dazu hat, so zu leben und das zu erleben, wie er es sich wünscht.

Weil es jeder Seele ein Bedürfnis ist, so viele, schöne Dinge wie möglich zu erleben.

Nun klingelte es, zum wiederholten

Male, seit ich mit dieser Arbeit angefangen hatte. Es klingelte Orkan, nicht Sturm.

Natürlich, ich musste, durfte, konnte, mich immer auf meine Intuition stützen.

Mein Bauchgefühl, es ist ja die direkte Verbindung zu meiner Seele, sagt mir immer, ob ich auf der Zielgeraden bin, oder noch Slalom laufe.

Halleluja!, geschafft dachte ich und stolperte prompt in die nächste Falle.

Denn wenn ich meine Träume nicht liebe, dann sind es nicht die meiner Seele und damit, auch nicht meine.

Sondern die, meiner blauen Seite und die wirtschaftet ja fröhlich drauf los, ohne Rücksicht auf Verluste.

Das – würde eine Seele und eine rote Seite niemals tun.

Liebe deine Träume, das war das Zauberwort.

Es ist das stärkste Gefühl, dessen wir fähig sind und damit eine Energie, mit der wir ALLES, in Bewegung setzen und da halten können.

Aber das geht nur, wenn es die echten Träume sind.

Unechte Träume, das erleben wir ja ständig durch unsere blaue Seite, manifestieren sich zwar auch teilweise, aber sie bringen keine Zufriedenheit, zerbröckeln leicht, verschwinden und machen niemanden glücklich. Kurz, sie haben keinen Bestand!

Wir, die Seele und ich, wollen aber nicht nur bestellen, wir wollen unseren Traum dann auch LEBEN und zwar so lange, wie er uns glücklich macht, meistens für immer.

Ob Sie es glauben oder nicht, die blaue Seite ist, wenn sie im echten, manifestierten Traum sitzt, restlos glücklich und kann meistens nicht mehr verstehen, wieso, sie so heftig dagegen gewettert hat.

So sind sie, unsere lieben Verwandten, deshalb, lieben Sie auch diesen Teil von sich selbst. Es ist die einfachste Methode ihn glücklich zu machen und so in rote Energie umzuwandeln.

Versuchen Sie das, was ich getan habe, setzen Sie sich mitten in die Liebe, dieses universellen Bewusstseins hinein.
Es ist ein unvergleichliches Erlebnis.
Wie man das macht? Nichts einfacher als das.
Nehmen Sie den Kontakt zu Ihrer Seele auf, denken und handeln Sie NUR noch nach Ihrem Gefühl, damit sitzen Sie in Ihrer Ursprungsenergie.
Und Ihr Leben verläuft genau so, wie Sie es sich wünschen.

Persönliche Notizen

Schlusswort

Nun habe ich Ihnen alles erzählt, was meine Freundin und ich, in jahrelanger Kleinarbeit, wieder entdeckt haben.

Dieses Puzzle, ist das Hilfsmittel, mit dem wir aus der Unsicherheit in die Sicherheit wechseln können.
Jeder entscheidet selbst, was für ein Leben oder welche Erfahrungen er realisieren möchte.
Gleichgültig, welchen Entschluss Sie treffen, Sie können, in Bruchteilen von Sekunden, von Blau nach Rot oder umgekehrt wechseln.
Sie sind eine unvorstellbar gewaltige Energie.

Es ist ganz allein Ihre Sache, wie Sie ihr Leben gestalten möchten, Ihr Geist/Verstand, wird Ihnen immer behilflich sein.
Denn das ist seine Aufgabe.
Erinnern Sie sich nur daran, das Sie

diesen Wechsel überhaupt vollziehen können.

Denken Sie öfter an Ihre Seele, das hilft ungemein, vor allem dann wenn Sie in einer Zwickmühle sitzen. Ein Gedanke, eine kurze Entscheidung und der Wechsel ist vollbracht. Vertrauen Sie sich selbst.

Persönliche Notizen

Persönliche Notizen